Made in the USA
Monee, IL
24 April 2022

95358322R00056